ALFAGUARA

ALFAGUARA ES TU COLECCIÓN

NOS ENCANTARÍA CONTAR CONTIGO PARA SELECCIONAR LOS TÍTULOS QUE MÁS TE GUSTEN. CUÉNTANOS QUÉ TE HA PARECIDO ESTE LIBRO Y CUÁLES SON LOS TEMAS SOBRE LOS QUE TE GUSTA LEER. ENVÍANOS TU OPINIÓN JUNTO CON EL TÍTULO DEL LIBRO, TU NOMBRE, DIRECCIÓN, FECHA DE NACIMIENTO Y TELÉFONO A:

ALFAGUARA INFANTIL Y JUVENIL.
C/ TORRELAGUNA, 60. 28043 MADRID

SI ERES MENOR DE 18 AÑOS, ES NECESARIO QUE TUS PADRES AUTORICEN EL USO DE TUS DATOS, SEGÚN EXPLICAMOS MÁS ABAJO, FIRMANDO EN LA CARTA QUE NOS ENVÍES (INDICANDO SU NOMBRE Y NIF, POR FAVOR).

PRÓXIMA PARADA **ALFAGUARA**

ALFAGUARA

Título original: *NIRE ESKUA ZUREAN*
© Del texto: MARIASUN LANDA
© Ilustración de cubierta: ASUN BALZOLA
© De la traducción: MARIASUN LANDA
© De esta edición:
2004, Santillana Ediciones Generales, S. L.
1998, Grupo Santillana de Ediciones, S. A.
Torrelaguna, 60. 28043 Madrid
Teléfono 91 744 90 60

•Aguilar, Altea, Taurus, Alfaguara, S. A. de Ediciones
Beazley, 3860. 1437 Buenos Aires

•Editorial Santillana, S. A. de C. V.
Avda. Universidad, 767. Col. Del Valle, México D.F. C.P. 03100

•Distribuidora y Editora Aguilar, Altea, Taurus, Alfaguara, S. A.
Calle 80, nº 10-23. Santafé de Bogotá-Colombia

ISBN: 84-204-0152-8
Depósito legal: M-49.296-2002
Printed in Spain - Impreso en España por
Unigraf, S. L. Móstoles (Madrid)

Primera edición: julio 1998
Quinta edición: marzo 2004

Diseño de la colección:
MANUEL ESTRADA

Editora:
MARTA HIGUERAS DÍEZ

Mi mano en la tuya

Mariasun Landa
Ilustraciones de Asun Balzola
Traducción de Mariasun Landa

ALFAGUARA

«El loco corazón
robinsonea en sueños...»

ARTHUR RIMBAUD

Diecisiete de julio

Las cinco de la tarde, más o menos

Hoy por la mañana, mientras paseábamos por la calle, he decidido largarme de casa para siempre.

Ha sido una decisión tan repentina que yo mismo me he quedado asombrado... ¡Cómo no se me había ocurrido antes! ¿Qué hacía yo paseando con mi madre y su novio como si no pasara nada? En realidad, ver a mamá colgada del brazo de ese tío me comía las tripas...

¡A la cabaña; me escapo a la cabaña… y ya está!

Y la idea me ha parecido tan genial que inmediatamente he empezado a hacerme el simpático con ese idiota. Nada, que no paraba de hablar y de seguirle la conversación, que sí, que lo estaba pasando bien en vacaciones, que iba a nadar todos los días, y tal y cual. ¡Tonterías! ¡Uf, no había quien me hiciera callar, estaba la mar de embalado! Y mamá me miraba como si me hubiera vuelto loco de repente, porque ella sabe muy bien que su romeo me da ganas de vomitar.

De todas formas, mientras no hacía más que parlotear, lo de huir de casa iba tomando cuerpo en mí, y los cabreos y sinsabores de estas últimas semanas se iban desvaneciendo hasta hacerme sentir el corazón como un mar en calma.

Antón.

Eso sí, me acordaba de Antón. Porque lo de construir la cabaña fue idea suya, y en aquel momento sentía mucho su ausencia. Pero Antón está de vacaciones. En Navarra, como todos los años. Y yo, en cambio, aquí. Dando vueltas con un par de chorlitos y sintiéndome más solo que la una... ¡Ya no aguanto más!

Pero, bueno, desde que he decidido pirarme de casa me he calmado totalmente. ¡Adiós a mamá y al espantapájaros de su novio! ¿Habrá notado algo mi madre? No lo sé. En cuanto he llegado a casa he ido directamente a mi cuarto...

Que no, que no tenía ganas de comer.

Que me dejaran en paz, que me bastaba con las tapas que habíamos tomado antes.

Y los dos se han sentado frente a la tele mientras yo, a escondidas en mi habitación, he empezado a preparar la mochila.

—¿Javi?

Mamá llamando a la puerta. Yo que meto la mochila debajo de la cama a toda mecha.

—¿Quéeee?

A ver qué pensaba hacer por la tarde.

Y para decir eso, va y se mete en mi cuarto. Pero yo ya estaba para entonces repantigado encima de la cama, haciendo como que leía atentamente un cómic.

Que no era seguro, pero que probablemente iría a casa de Mikel a ver algún

vídeo, le he respondido yo con cierto aire indiferente.

¡A ver un vídeo con el tiempo tan maravilloso que hace!, ha dicho ella.

Mamá siempre igual. ¡Sieeempre tiene que decir algo, cómo no! Y si hubiera sido otro día, tendríamos bronca asegurada; pero hoy al mediodía, teniendo en cuenta mis planes, he preferido dejarlo pasar, porque era arriesgado, porque tenía que actuar con prudencia...

—*¡Don't worry, mami!* Luego saldremos a la calle...

A ver adónde íbamos, ella.

Quizá al frontón.

Y que Mikel y yo comeríamos un bocata, que no se preocupase por la cena, eso es lo que le he dicho.

Y no sé por qué, pero me ha parecido notar en ella una cierta extrañeza ante mi calma, ya que me ha mirado de forma rara, como si se oliese algo, con un cierto aire de perro de caza... Luego ha hecho el gesto de marcharse, mientras yo no quitaba la vista del cómic, con el aspecto más tranquilo del mundo...

—¡Vale, pero para las diez en casa!

Eso es lo único que ha dicho. Nada más que eso. En cuanto he notado que se retiraba hacia la sala, he vuelto a retomar mis preparativos.

Salir de casa ha sido de lo más fácil. He asomado la nariz por la puerta de la sala y les he dirigido un adiós más rápido que una bala.

¡Hasta luego!, ha respondido mamá.

¡Chao!, ha dicho el tipo.

No sé por qué ese gafotas siempre tiene que decir lo de «¡chao!». Cada vez que se lo oigo le pisaría un callo, pero hoy no. Hoy es un día especial. Hoy yo también he respondido «¡chao!» mientras pensaba para mis adentros: «¡Ya nos veremos las caras, *so* cerdo!»

Y de esta forma he llegado aquí, a nuestro refugio secreto, a la cabaña que hemos reconstruido Antón y yo. ¡Si Antón supiera que me he ido de casa! Solamente él sabe lo de nuestra guarida, así que mamá lo tiene crudo, le va a costar un montón encontrarme...

¿Que llorará y tal?

Lo más seguro es que sí. A mi madre, cuando llora, se le pone la nariz roja como un payaso y ojos de besugo, turbios y húmedos. Y además no se le pasa así como así, tarda su tiempo en normalizarse... Pero, bah, pronto me olvidará, sí, como se ha olvidado de papá. Se acabó el ocuparse del pesado de su hijito, ahora es libre. ¡No te estorbaré ya más, mamá!

De todas formas, ahora que lo pienso, creo que yo también he sido un poco ingenuo y bastante bobo: ¿cómo no se me ocurrió antes que podía pasar una cosa así...?

«Hoy volveré tarde, cariño, ¿no sería mejor que durmieras en casa de la abuela?» Y yo, pedazo de borrico, supercontento porque allí me dejan ver la tele hasta la hora que quiera... ¡Ay, qué idiota he sido! Yo, viendo la tele y ella, mientras tanto, de juerga con su novio. ¡Un novio que dice «chao»! Con ese chulo en el cine, o cenando, o bailando, mientras su querido hijito está aparcado en casa de la abuela. ¡Perfecto! Se llama Carlos. Charli. Y es alto, desgarbado y gafotas. Es de esos que llevan gafas para hacerse los interesantes, para parecer listos, alardeando de que son profes, haciéndote sentir un renacuajo a su lado...

Además, últimamente, ha andado intentando congraciarse conmigo el muy baboso...

—¿Has ido alguna vez a ver un partido de rugby?

Y yo, que no.

—¡Pues iremos juntos, Javier!

Porque, encima, el tío, además de decir «chao», me llama Javier, y eso ya me saca de mis casillas, porque no sé quién demonios le ha dado permiso para cambiarme a mí de nombre. Yo siempre he sido Javi. Desde pequeño. Y nada más. Y no ha nacido todavía quien se atreva a llamarme de otra forma.

19

Pero no quiero pensar más en ese pijo asqueroso.

La verdad es que no entiendo a mamá. No sé que ha visto en ese tipo.

Yo creía que los dos solos vivíamos la mar de bien, pero por lo visto no era así. Más de una vez la he encontrado llorando y tal, pero entonces yo creía que era porque se acordaba de papá, de todos los buenos momentos que habían pasado juntos y todas esas cosas. Por eso me retiraba discretamente a mi cuarto y me ponía a mirar por la ventana para que pasase cuanto antes el tiempo, suponiendo que mamá querría estar sola, que no querría tener testigos... Cuando creía que había transcurrido un tiempo prudencial, salía y me la encontraba como si nada hubiera pasado, a salvo del ataque nostálgico, canturreando, un poco exageradamente, eso sí. Bien. Todo volvía a estar en su sitio.

En cambio, cuando era pequeño e imberbe, y todavía no me ponía a mirar por la ventana, solía dar la pelma a mamá cuando la veía llorar...

—¿Por qué lloras, mami?

Pero ella, casi siempre, meneaba la cabeza, se secaba los ojos y me ofrecía una sonrisa temblorosa que intentaba transmitir seguridad:

—¡Vamos a cenar, cariño mío! Hoy tenemos macarrones...

Por lo visto, todavía no se sentía con fuerzas para contarme lo de papá.

Pero un día, cuando yo tenía cuatro o cinco años, me levantó por la cintura y me sentó a su lado, en el sofá de flores del comedor. Aunque era pequeño, recuerdo muy bien que tenía la nariz roja y los ojos aún húmedos, que se puso muy seria y que, tomando mis manos entre las suyas, me dijo:

—Javi, hoy te voy a contar lo del accidente de papá...

Y yo sentí una gran emoción al darme cuenta de que mamá me trataba ya como a alguien mayor.

—Y papá, ¿por qué no frenó?

—No le dio tiempo.

—La ambulancia haría sonar la sirena, ¿no?

—¡Sí, claro!

—Mamá, ¿y yo, mientras tanto, dónde estaba?

Que estaba en su barriga, nadando tranquilamente, como un pececito. Eso es lo que me solía decir mamá. Yo, nadando tan feliz en la pecera de mamá, mientras el coche de mi padre se empotraba contra un camión, mientras se moría sin conocerme.

Y sacábamos las viejas fotos y nos poníamos a mirarlas como si fueran cromos: papá en verano, con pantalones cortos. En la mili. Con mamá, remando en una barca en un parque de Madrid, y en la boda de la tía Ana, las cabezas de papá y mamá juntas, riéndose frente a la cámara, felices. Papá fumando un puro, mamá acercándole los labios...

Por lo visto, todo eso pasaba mientras yo chapoteaba en la tripa de mamá.

Pero todo eso son historias más viejas que la pana. Hace tiempo que mi madre no me sienta en su regazo, aunque la verdad es que yo tampoco le doy muchas ocasiones... Es que... ¡jopé!, últimamente, los mimos de mamá me sacan de quicio; vamos, que se cree que todavía soy un crío...

Anteayer, por ejemplo, me estaba lavando la cabeza, y ella va y se mete en el cuarto de baño diciéndome que si quería que me ayudase. La eché de allí a grito limpio, diciéndole que me dejase en paz, que era muy capaz de cuidarme el *look* yo solito, que a ver qué se creía... Y ella también se enfadó, ¡uf, cómo se puso! A ver qué me creía, que me estaba volviendo un cardo borriquero, un borde de cuidado, que así no se le hablaba a una madre y que de paso me cortase aquellas greñas, y tal, y tal.

Que si tengo el pelo muy largo, que al menos me lo recoja en una coleta... Y es que mi madre, por lo visto, no se da cuenta de que yo ya quiero peinarme como se me ponga, que quiero vestirme como me venga en gana, que me apetece andar a mi aire... Inútil hacérselo comprender. Se pone más pesada que un elefante, ésa es la verdad. Como todas las madres, yo creo que todas están un poco chifladas.

Por eso creo que he hecho lo mejor que podía hacer: largarme y venirme a vivir a la cabaña. Ha sido una decisión de lo más acertada, ya lo creo. No la necesito ya. Y ella tendrá que entenderlo y admitirlo. Además, ahora ya tiene otro hijo mayor que yo a quien cuidar, ¿no? Igual a ese narizotas, a ese gafotas le gusta que mi madre le lave la cabeza... ¿Y a mamá? ¡No, no creo que a ella le guste manosear esos cuatro pelos pringosos que tiene el muy gilí! ¡Puaf!

Mamá es muy guapa. Eso es verdad. Un pelazo largo, liso y suave, una figura aún esbelta...

—¿Es tu hijo?

Antes, cuando le preguntaban eso se ponía la mar de ufana, así como chula. Por lo visto, parece más joven de lo que es y nadie puede creerse que un chico tan alto como yo sea su hijo.

—¡Sí, mi hijo y mi único amorcito!

Ese tipo de cosas son las que se le ocurría contestar, sobre todo si yo estaba delante. Tierra, trágame. Y entonces me agarraba del brazo, y se ponía a darme besitos en la frente, mientras yo creía morirme de vergüenza.

—¡Mamá, por favor, no digas esas cosas delante de la gente!

—¡Calla, calla, que te encanta! ¡Con lo mimoso que eres!

Últimamente, sin embargo, mamá no para de decir que no soy el mismo, que he cambiado mucho, aunque siempre lo dice después de alguna bronca como la del otro día. Y yo no sé muy bien a qué se refiere. Quizá quiere decir que no estoy pegado como una lapa a ella como antes, o que no soy tan bobo, tan inocente... ¡Yo qué sé! El caso es que a Irene, por ejemplo, le parece supernormal mi cambio, ya que le dice a mamá eso de que estoy madurando. Eso es: ma-du-ran-do.

«¡Alguna vez tienes que dejarle que empiece a vivir su vida!», le suele decir a mamá.

¡Uf, hay que ver cómo se pone ella! Se enfada un montón. Con Irene, quiero decir. Con su mejor amiga. Pero, al final, siempre acaba dándole la razón, porque Irene es una tipa guay, maja como ella sola, de esas que siempre se ponen de tu lado...

—¿Tú crees que Javi tiene edad para ir solo a esas colonias de verano?

Yo tenía unos nueve o diez años, y me moría de ganas de ir a aquellos campamentos. Y mamá, que no. Que era muy pequeño.

Pero, como siempre, acabó consultándolo con Irene y yo allí, delante de las dos, esperando con el alma en vilo lo que la amiga de mi madre respondiera...

—¡Por supuesto! ¡Y además le vendrá muy bien para ir despegándose de ti!

Desde entonces, siempre he sabido que Irene estaría de mi lado. Seguro que también en esta ocasión mamá la llamará cuando vea que no he vuelto a casa y las dos empezarán a buscarme.

Pero no me encontrarán; sólo Antón sabe lo de la cabaña, y Antón ahora está en Navarra.

Desgraciadamente.

Las siete y cuarto de la tarde

Ya me he instalado en mi guarida, fuera del mundo, en plena naturaleza, sintiendo por primera vez que desde ahora todo será distinto; y me apetece seguir escribiendo, me ha dado por ahí, no sé muy bien por qué...

Lo de la cabaña fue una idea de Antón. Su sueño, su proyecto. Con eso de que quiere ser guardabosques sólo le interesa todo lo relativo a la montaña, lo demás le resbala. Recuerdo que, hace unos dos meses, apareció en la escuela un lunes por la mañana diciéndome que tenía algo muy importante que contarme...

—¿De qué se trata?

—Es un secreto.

—¿Cuándo me lo dirás?

—En el recreo.

Y por la forma en que se le hincharon las aletas de la nariz enseguida adiviné que sería una buena noticia, porque a Antón, cuando está contento, se le cambia la cara, levanta el mentón, le brillan los ojos de fiereza y adopta el aire de uno de esos que se van a comer el mundo.

—¡He encontrado un lugar chachi para nuestra cabaña!

Ya me lo olía. Me había pasado ya varias veces: Antón iba al monte el domingo y venía, en el recreo de los lunes, contándome bolas de sitios fantásticos, de proyectos increíbles para aquella dichosa cabaña que él siempre tenía en el coco.

—¿Y dónde está ese sitio tan chachi, tío?

Mi tono era escéptico; la verdad es que estaba un poco cansado de todo aquel rollo. La mayoría de las veces eran puras fantasmadas de Antón, no me fiaba un pelo, aunque a mí también me apetecía lo de tener una cabaña o cualquier chiringuito en este mundo para nosotros dos solos...

—¡Tío, un verdadero chollo, un regalo! Una cabaña abandonada, con sus muros de piedra intactos, un sitio resguardado... ¡Qué maravilla! ¡Ya lo verás, ya lo verás...!

Al día siguiente, en cuanto salimos del cole, tuve que ir hacia allí, trotando detrás de él, monte arriba, como si nos persiguiera el mismísimo diablo. Y esta vez, sí. Antón tenía razón. Se trataba de una cabaña de pastores de lo más maja. Era tan guay que me extrañó mucho que estuviera abandonada...

—¿Estás seguro de que esto no lo utiliza nadie? —le pregunté a Antón un poco mosca.

—¡Qué va!

Que si veía una cabaña sin techumbre eso quería decir que no era de nadie, que estaba abandonada y que sería nuestra si nosotros la reparábamos...

Eso es lo que me respondió Antón con toda seguridad.

Y luego añadió con aire fiero:

—¡Así es la ley del monte!

Y allí estuvimos mucho tiempo, haciendo planes sobre nuestro nuevo refugio, como unos recién casados que van a ver su nuevo piso. Antón le daba mucha importancia a que los muros estuvieran aún bien, decía que arreglar todo lo demás era algo que estaba tirado...

—¿Cómo...? Habrá que conseguir uralita para el tejado, ¿no?

Y Antón, que no. Que a ver si yo estaba chiflado, que era imposible llevar la uralita hasta allí, que lo de la techumbre lo arreglaba él con unos palos puestos de través y cubiertos con plástico y maleza...

—¿Y de dónde sacamos el plástico?

Esta vez, Antón se cabreó un poco. Me dijo que no fuera tan cagueta, tan catastrofista, que él lo tenía todo previsto y que tenía echado el ojo a un invernadero del que podríamos pillar todo el plástico que quisiéramos. ¡En fin, tuve que cerrar la boca!

Antón siempre me dice que yo seré muy bueno escribiendo y todo eso, pero que, sobre todo, soy un verdadero artista viendo problemas donde no los hay. Según él, siempre estoy poniendo pegas ante cualquier aventura y siempre le toca encontrar las soluciones. Eso lo dice así como en broma, pero creo que tiene algo de razón. La verdad es que soy bastante agorero, un niño de teta a su lado; pero si no fuera por mí, él estaría todavía entre los de infantil, porque yo siempre le he echado un cable en todo lo relacionado con el cole...

—Oye... ¿me escribirás ese rollo de redacción que nos han mandado en clase?

Y como a mí no me cuesta nada eso de llenar páginas y tal, pues se la hago en menos que canta un gallo.

Así de diferentes somos los dos, el día y la noche. Opuestos pero inseparables.

De todas formas, y volviendo a aquel primer día en que Antón me enseñó la cabaña, he de reconocer que sentí una gran admiración por él, porque no era un niño pijo como yo, o porque él es todo lo que yo no soy. Da igual.

—¡Oye, lo de la cabaña, ya sabes... SECRETO!

No hacía falta que me lo dijera. Si algo le gusta a Antón en este mundo, después de la montaña, es tener secretos. Ya tengo comprobado que sin tener algo oculto y clandestino no se siente bien, no se siente nada, y siempre tiene en su fuero interno un montón de secretos, grandes y pequeños, que sólo deja conocer a los amigos íntimos como yo.

Así fue como empezamos a venir todos los fines de semana a la cabaña, reparándola tal y como Antón tenía previsto. Empleamos muchas horas hasta convertir aquel lugar sucio y medio derruido en la cabaña donde estoy ahora, que tampoco es nada del otro mundo, pero donde si llueve, al menos, no te mojas. En el techo, además

del plástico dichoso, pusimos un montón de helechos secos; hicimos un agujero en la pared para que cuando encendiéramos fuego el humo pudiera salir por alguna parte, y hasta construimos una especie de empalizada que hacía las veces de puerta. Dentro, montamos dos camastros de hierba seca y trajimos algunas latas de conserva, unos cigarros, leña, una linterna y más cosas para ser autosuficientes en la montaña.

La idea de la autosuficiencia es una idea obsesiva para Antón; vamos, que si alguien ha nacido para Robinson ése es él. Las veces que hemos venido juntos le daba por recolectar como un loco, si no eran setas eran moras; si no, raíces y frutos salvajes desconocidos para mí, y encima se empeñaba en comerlo todo para demostrarme que uno en el monte no se puede morir de hambre. Gracias a que sabe mucho de setas y demás, porque, al principio, yo solía estar muerto de miedo viendo como masticaba aquellos hongos, *cras-cras-cras,* y temiéndome lo peor: que Antón la palmara allí mismo.

Antón sabe también bastante de pájaros. Hay que oírle cuando empieza a alardear de que distingue todos los trinos: «¡Ése es un petirrojo!, ¡ése es un herrerillo!, ¡ése es un mirlo! ¿No los reconoces?» Y se pone a imitar gorjeos y trinos, y asegura que los pájaros le entienden, que le contestan.

A mí, la verdad, es que en esas cosas Antón me asombra y me hace recordar lo que le dijo una vez a la profe de inglés: que a ver para qué tenía que aprender él inglés si lo que quería era ser guardabosques. Y al principio, la profe se quedó así como sin saber qué decir... Pero como los profes siempre acaban respondiéndote algo, les preguntes lo que les preguntes, pues no se le ocurrió otra cosa que decirle que igual, algún día, se encontraba a algunos ingleses perdidos en la montaña y que entonces le vendría bien saber algo de inglés. Creo que nuestras carcajadas se oyeron en Londres.

Desde entonces, y cada vez que vamos al monte, Antón suele decirme eso de:

«¡Vamos a ver si encontramos a esos ingleses!» Y lo dice con toda la chulería, ¡claro!

Un sábado por la tarde, nos compramos un pollo, le pasamos un palo por el culo y lo asamos en el fuego que hicimos en la cabaña. Fuera llovía y fue una gozada sentirse a cubierto y en aquella libertad. Bebimos cerveza y fumamos algún cigarrillo...

—¿Por qué no invitamos algún día a Idoia y a sus amigas a venir aquí?

Yo dejé caer aquella pregunta como si se me hubiera ocurrido en aquel mismísimo momento, mentira podrida.

—¿Idoia?

Antón y su cara superseria, cara de asco. Para entonces, él ya sabía que a mí me gustaba Idoia; pero eso no suele significar nada para los tíos como Antón. Te hacen sentir algo así como vergüenza si les mencionas alguna chica; vamos, que es una señal de debilidad.

Y él me contestó que si no les habíamos dicho nada a Chusmi y a los otros de clase, que a ver por qué se lo teníamos que decir a las chicas, que la cabaña era solamente para los dos, para poder llegar a ser autosuficientes en el monte, ¿o no? Como no se me ocurría nada para responderle, él me recordó que el mismísimo Robinson Crusoe no había tenido ninguna mujer en su famosa isla, sino un amigo negro que se llamaba Viernes; ¿es que yo no lo recordaba?

¡Vale! No dije nada, porque Antón es mi mejor amigo. Y porque no quería aparecer ante él como un tío que anda detrás de las chicas y tal. Pero una voz me repetía por dentro: «¡Lástima que Idoia no esté aquí! ¡Lástima no poder enseñarle a Idoia esta cabaña! ¡Lástima...!»

Eso de guardar un secreto es la mar de pesado, de verdad. Antes de que Idoia se fuera de vacaciones estuve tentado muchas veces de decirle lo de nuestro refugio secreto, sobre todo cuando nos encontrábamos en los soportales de la iglesia y al rato nos quedábamos sin saber qué decirnos.

Solíamos estar algo nerviosos, no sé por qué, como raros, sobre todo yo, por miedo a que se me acabaran los temas de conversación. Entonces sentía mucho no poderle hablar de nuestra cabaña, aquel secreto que me quemaba en la punta de la lengua...

—¿Has oído *Arizona Dreams?* —dije yo.

—Sí.

—¿Y...?

—¡Superguay!

Es que Idoia es de pocas palabras, como lo son casi todos los buenos deportistas que conozco. Lo suyo es correr, no hablar. Yo, en cambio, soy bastante rollista, un parlanchín, como dicen los profes, un embaucador, como dice mamá... Pero, con Idoia, cuando nos encontramos a solas, me quedo así como cortado, no sé de qué hablar, todo lo que se me ocurre me parecen tonterías, palabras superfluas...

Un día le oí decir a Irene eso de que yo era muy locuaz porque me había educado entre mujeres, y no me hizo mucha gracia aquello, si tengo que ser sincero. Ella se dio cuenta de que se me había torcido el morro y quiso arreglarlo añadiendo que casi todos los buenos escritores son siempre muy buenos habladores y que yo también tenía mi gracia contando las cosas; vamos, que tenía madera de buen narrador, un charlatán de estilo, creo que dijo. Aquello me consoló un poco.

Pero, bueno, como iba diciendo, Idoia guarda sus energías para las carreras y no para las chácharas conmigo. Toma parte en todas las competiciones que se organizan y tiene un montón de medallas en casa, ganadas en las carreras interescolares, y encima es de las mejores de clase en matemáticas, y encima es guapa, *um...* muy guapa. A casi todos los chicos les gusta, pero ella no les hace caso. No sé por qué me eligió; igual porque soy el más alto, o porque soy el que más cintas de música tiene. No sé, con las chicas nunca se sabe...

Todo empezó cuando yo todavía era un poco bobo.

Recuerdo que, a principios de curso, estábamos con el rollo ese de las descripciones y tal, y el profe nos mandó que cada uno hiciera la descripción de uno de nosotros... y yo, no lo pensé mucho: elegí a Idoia para la dichosa redacción. ¡Casi me muero del susto cuando me mandó leer en alto lo que había escrito! Que si me había quedado muy bien, que tenía mucha gracia y facilidad para escribir... ¡Ay, qué desgraciado el tío!

—¡Poeta! ¡Poeta! ¡Poeta!

Todos los chicos gritando, pitorreándose, una bronca de cuidado. Las chicas, *ji, ji, ji,* cuchicheando entre ellas. Chusmi, berreando: «¡Que se besen! ¡Que se besen...!» La cara de Idoia parecía un semáforo en rojo, y yo nunca he deseado tanto estar muerto. Pero en el recreo, Maripi, la chica más salsera de clase, se acercó a mí diciendo que Idoia quería conseguir aquella descripción...

—¿Para qué? —yo, con una jeta de cabreo que asustaba.

Para copiarla y ponerla en la pared de su cuarto.

—¡Ni hablar! —yo, rotundo.

Y entonces, cuando menos lo esperaba, va y me dice:

—Pues a ella también le gustas.

Y echó a correr hacia donde estaban las otras chicas. Escapó como quien deja una bomba y pone pies en polvorosa. *¡Glub!* Hombre, no pude evitarlo: miré a Idoia. Y ella me sonrió. *¡Glub, glub, glub!* Aquella sonrisa se me quedó como atragantada, no sabía qué hacer. No sabía qué se hace en esos casos, pero el corazón se me puso a cantar...

Así es como empezamos a vernos fuera de clase, un poco en secreto, para evitar bromas. Hablamos sobre todo de música, nos intercambiamos cintas y tal, y estamos juntos. Eso es todo. En clase estamos como si nada...

Este año Idoia ha ido a pasar las vacaciones al Mediterráneo. *¡Jo,* qué suertazo! Decía que no le hacía demasiada *ilu,* aunque igual lo hacía para no darme demasiada envidia. Antes de irse, le pregunté si pensaba escribirme...

—¿Escribir? ¡Qué rollo! Ya te llamaré por teléfono.

Han pasado ya diecisiete días y, que yo sepa, no me ha llamado. No sé cómo lo estará pasando en Ibiza, no sé si se acordará de mí, y lo peor es que, si llamase, no sabría casi qué decirle, porque el teléfono no pega mucho para hablar de música, ¿no? Le diría lo de la cabaña, que venga aquí, que estaremos oyendo casetes, comiendo pipas, y quizá entonces me atrevería a besarla; esos besos que se dan en las películas, esos que sólo imaginármelos me hacen temblar.

Pero Ibiza está lejos, más lejos aún que Navarra.

Bueno, pues si Antón e Idoia saben lo que quieren ser de mayores, el menda no tiene ni idea. De pequeño, tuve una racha en la que decía que quería ser conductor de ambulancias, luego quise ser payaso, y ahora, quizá lo que más me mola sería ser *disk-jockey* o algo así. Pero mi madre no quiere ni hablar de eso. Al menos, tengo algo claro: no seré nunca profesor, como lo es Carlos. La mayoría de ellos son unos creídos y unos cursis, todos usan palabras rimbombantes, tienen gafas y son unos sabihondos de cuidado. Como Carlos, alias *Charli*. Hablan muy bien, eso sí, no mucho y mal como yo, sino poco y bien, y tienen verdadera debilidad por hacerte sentir un macaco a su lado, una hormiga, una cagadita de mosca, que es como me hace sentir a mí Carlos.

Desde que ese tío entró en casa no he dejado de oír la palabra *universidad* y cosas sobre el examen de acceso que pueden hacer los mayores de 25 años para entrar en ella. Mamá e Irene no piensan en otra cosa desde hace meses: estudiar, estudiar y aprobar el santísimo examen. Al principio del curso, empezaron a acudir todas las tardes a una academia para prepararlo y todos los fines de semana se los han pasado rodeadas de apuntes, libros, diccionarios y demás.

Al tal Charli lo han conocido allí; por lo visto es un profe de la dichosa academia.

¿Y por qué quieren ir a la Universidad? Pues porque ahora se les ha metido en la cabeza que quieren ser psicólogas, estudiar Psicología...

Hubo una temporada en que mamá e Irene se hicieron vegetarianas y entonces, en casa, no comíamos más que ensaladas y almendras, a pesar de que yo reclamaba mis huevos con jamón. ¡Cuanto más protestaba, más fruta y arroz integral me encontraba en la mesa...!

—¡Pero Javi no tiene por qué hacer régimen naturista, mujer!

Eso le dijo entonces Irene a mamá, y desde aquel día yo volví a recuperar mis bocatas de chorizo y mis hamburguesas. Y es que Irene, ya lo he dicho, siempre se pone de mi parte.

Luego vino la racha de la gimnasia. Cuando volvía a casa al atardecer, me las encontraba juntas, dando saltitos, haciendo gimnasia con una casete de aerobic que me taladraba los oídos. Y a mí me hubiera dado igual si no lo hubieran hecho en la sala, es decir, en el sitio donde pre-ci-sa-mente está la televisión...

—¡Y uno, dos y tres! ¡Y uno, dos y tres!

Mis protestas no sirvieron de nada. Hasta que un día Irene le dijo a mamá:

—Sería mejor que hiciéramos aerobic en mi casa, ¿no?

Y así recuperé mi espacio. No falla, Irene siempre se pone de mi parte.

¿Y lo del curso de esquí? ¡Aquello sí que fue mala suerte! Para una vez que a mi madre se le ocurre algo bueno, se va a la mierda enseguida. Y es que a mamá se le metió entre ceja y ceja que teníamos que aprender a esquiar, y empezamos a ir a Candanchú. Yo, claro, como loco de contento porque lo de la nieve me flipaba, pero, a la tercera ocasión, mamá va y se tuerce un tobillo. ¡Adiós Candanchú y los planes de ir a la nieve! Mamá empezó a sentir terror por los esquís y a Irene no le pareció bien que siguiéramos yendo los dos dejando a mamá sola en casa...

¡Así se frustraron mis sueños de ser un esquiador de primera!

No sé muy bien para qué sirven los psicólogos, pero seguro que no ganan mucho dinero, que es lo que realmente necesitaría mamá. Al menos, nunca he oído que los millonarios fueran psicólogos, así que, si no es para ganar más, no sé a qué viene tanto esfuerzo. En el caso de mi madre, aún lo entiendo; mamá siempre ha dicho que quería cambiar de trabajo, le he oído decir un millón de veces que está harta de esa representación de cosméticos que tiene, que mientras yo era un crío le venía muy bien porque le daba mucha libertad de horario para atenderme y todo eso... ¿Pero Irene? ¿Para qué quiere Irene estudiar una carrera? Según mamá, está estupendamente donde trabaja, en un banco, con buen sueldo, tardes libres, todo el día manoseando dinero... «¡Tu vida sí que ha sido jauja!» y cosas así le suele decir mamá a Irene un mogollón de veces, como si ella hubiera tenido muchísima mejor suerte que mamá.

—¿Cómo puedes decirme eso? ¡Tú, que lo sabes todo!

Eso fue lo que le contestó un día Irene a mamá, así, de repente, cuando una vez más, máma le había dicho que su vida siempre había sido un chollo. Aquel corte de Irene me extrañó, porque no lo dijo como enfadada, sino como si estuviera muy, muy triste. Se hizo un silencio algo raro entre las dos, un silencio que yo no entendí.

A los pocos días, lo que son las cosas, pasó algo que me dejó todo claro. Y fue así, de repente, una noche en que estábamos cenando como siempre, con la tele puesta pero sin hacerla mucho caso... De repente, Irene dejó de comer y se quedó con la mirada fija en la pantalla, con un gesto de dolor desconocido para mí, como si en aquel momento le hubieran clavado un cuchillo por la espalda. Mamá también dejó caer los cubiertos y se quedó como espantada mirando a quien aparecía en aquel momento en la tele:

—¡Óscar!

Era un tío joven aún, y estaba saliendo de un coche. Empezaba a andar y daba pasitos cortos y rápidos como en las películas viejas, se abrochaba los botones de la chaqueta mientras, de vez en cuando, sonreía dirigiéndose a la cámara. Una voz en *off* iba contando quién era, cómo fue asesinado no sé dónde, cómo pasó... alguna historia de hace mucho tiempo.

Total, que Irene se levantó de la mesa y se puso a sollozar en el sofá como una niña pequeña. Yo me asusté terriblemente, no entendía nada, y mamá fue junto a ella, la estrechó entre sus brazos como si fuera una muñeca y me hizo un gesto para que me largara de la sala y las dejara solas.

«Era su novio y lo mataron...», me aclaró mamá después de que Irene se fuera de casa y yo empezara a hacerle preguntas.

Y por el modo de decirme aquello comprendí que no tenía que seguir insistiendo, que aquello era una de tantas cosas que los críos no tenemos que saber, algún secreto entre mi madre y su mejor amiga... La verdad es que las tripas se me encogieron de pena.

Aquella noche decidí que me casaría con Irene cuando fuera mayor.

Por eso, cuando Charli empezó a venir mucho por casa, yo pensé que igual se trataba de algún pretendiente de Irene, y me alegraba por ello, ya que no se me olvidaba que alguna vez tuvo un novio, alguien metido en política, alguien al que habían asesinado y al que ella no podía olvidar. Además, ella y Charli parecían llevarse muy bien, se reían mucho juntos y muchas veces le oía decir a mamá: «Se han juntado el hambre y las ganas de comer». «¡Qué bien!», pensaba yo para mis adentros.

Pero, mira por dónde, cuando yo ya había empezado a creer que aquel nuevo amigo podía llegar a ser el novio de Irene, me di de morros contra la VERDAD, ¡y de qué forma, además...! Como uno de esos pobres pajarillos que chocan contra el cristal de la ventana y, *¡plaf!,* caen muertos en el suelo, engañados por las apariencias.

Pero no me apetece hablar ahora de eso. Está anocheciendo y tengo que hacer los preparativos para pasar la noche. Hay un verdadero escándalo de bichos a mi alrededor, yo sólo distingo a los grillos. Por lo visto, bajo tierra hay una movida considerable y, aunque no hace frío, yo estoy tiritando; me beberé una lata de cerveza y encenderé un cigarrillo, es normal tener un poco de miedo la primera noche. Antón, en cambio, estaría encantado ahora aquí, solo en mitad del monte. Pero yo no soy Antón.

Las once menos cuarto. De la noche

Hace tiempo que ha anochecido, gracias a que se me ocurrió traer la linterna. Los bocatas no estaban mal, me los he comido de un tirón. Me meteré en el saco y a ver si me duermo. No es que esté triste, ¡qué va!, pero me acuerdo de Antón y de Idoia.

Los grillos no se callan… No tengo miedo.

De pequeño me daba terror quedarme solo en el monte, y en casa también solía tener pesadillas...

«¡Mamá, anda, déjame meterme en tu cama!»

Otras veces, me levantaba y me iba a mirar la foto de papá esperando que me hablara. Sí, porque en aquellos tiempos yo me había inventado una forma un poco especial de hablar con mi padre. Y es que, en el comedor de casa, hay una foto muy grande de papá en la pared. Una foto sacada en una excursión a la montaña, una foto que he contemplado miles de veces: papá vestido con unos pantalones anchos de pana y un anorak oscuro. Botas de monte llenas de barro y una boina en la cabeza. Tiene las manos en los bolsillos y una gran mochila a la espalda. Está riéndose, alegre, los ojos semicerrados por la luz del sol, como si dijera: «¡Venga, sacad de una vez esa foto...!» Y yo tomé la costumbre, no sé ya cuándo, de situarme enfrente de la foto, de mirarle fijamente y aguantar allí hasta que papá empezara a moverse. Es decir, que si yo me concentraba en la foto, mi padre en persona venía hacia mí, daba un saltito de la pared al lugar donde yo estaba, con el aire de un explorador que saliese de una intrincada selva...

—¡Hola, peque!

Eso es lo que me decía siempre: «¡Hola, peque!»

Y yo me quedaba mudo, como petrificado, sin tomar aliento, porque ya sabía que si abría la boca mi padre volvería de un salto a la fotografía, y yo no quería, por nada del mundo, que eso ocurriera. Quería sentir su olor, su olor de hojarasca húmeda, como el que suele haber en el monte cuando llueve. Cerraba los ojos y le sentía a mi lado, grande y fuerte, preguntándome si algún día yo llegaría a ser como él.

Y yo, que sí.

Que mientras tanto, tenía que ayudar mucho a mamá.

Y yo, que sí.

Que no fuera un niño malcriado.

No lo sería.

Entonces, sentía una gran paz, una gran tranquilidad en mi corazón, un calorcillo agradable, una fuerza especial... y ganas de dormir. Aquellos encuentros con mi padre eran mi gran secreto.

Un día sentí la necesidad de contárselo a alguien, a Antón.

—¡Seguro que es el fantasma de tu padre!

Eso es lo que él me dijo, y además puso tal cara de espanto que nunca más ha vuelto a mencionármelo.

Así que yo también me asusté de todo aquello y, cuando pasaba por el comedor, no me atrevía ni a mirar la foto, no fuera a ser que el fantasma se despertase otra vez. Era muy niño y todavía frágil, inocente.

Ahora, en cambio, ya sé que esas cosas eran imaginaciones mías, que mi padre se murió hace catorce años, y que el padre que se me aparecía en las noches en que no podía dormir es sólo eso: una foto. Ahora ya tengo olvidadas esas historias y además no me gusta hablar de ellas, son chiquilladas. Me he acostumbrado a no tener padre y la verdad es que ser huérfano a veces no me parece nada mal. Si me comparo con Antón, por ejemplo, vivo con mucha más libertad. Él me habla muchas veces mal de su padre, que le obliga a ir a esa academia a aprender inglés, que le riñe a menudo, que a veces hasta le pega y le deja sin entrenamientos si saca algún cate. Pero las pasadas Navidades le regaló una escopeta y, a veces, van juntos a cazar... Eso ya me dice algo más, lo de ir con tu padre al monte ya me da más envidia, no por la caza, que no me va nada, sino por eso de tener un padre que es como un amigo, tiene que ser una gozada.

De todas formas, ayer, como estaba muy triste y me sentía más solo que la una, me quedé de nuevo mirando fijamente la foto de mi padre que está en la pared del comedor. Y ocurrió otra vez: papá saltó de la foto hacia mí, pero no como antes, como un explorador que sale feliz de una intrincada selva, sino más bien como un ladrón que acaba de entrar en casa a escondidas, mirando a un lado y a otro, crispado y alterado:

—¡Tú no puedes consentirlo!

Siguiendo la costumbre de antes, no le respondí nada a papá. Me quedé observando su aire enfadado, sintiendo algo así como impotencia. ¿Qué podía hacer yo...?

—¡Tengo confianza en ti! ¡Ya eres un hombre, sé que lograrás evitarlo!

Permanecí mudo mientras pensaba en mi fuero interno cómo y cuándo conseguiría yo el título de HOMBRE. Hombre hecho y derecho, como dicen.

Y en aquel preciso momento sonó el teléfono, y yo me abalancé hacia la sala pensando que igual podía ser Idoia desde Ibiza... ¡Mi Idoia!

No. No era lo que yo esperaba.

Para cuando volví al comedor, papá estaba de nuevo como siempre, bien instalado en su fotografía, inmóvil en el tiempo. Feliz y sonriente.

Pero noté un cierto olor a hojarasca húmeda en el ambiente…

Tengo frío. Me he metido en el saco de dormir, pero no he podido pegar ojo. Me duele un poco la tripa, no sé, quizá sea por la cerveza, que me ha sentado mal.

¿Habrá lobos aquí? Me vendría bien la escopeta de Antón; pero, ¿qué estoy diciendo?, las noches de verano son muy cortas, cuando sea de día tendré mejor humor, ¿qué estará haciendo ahora mamá?, seguro que ha avisado a Irene y las dos andan buscándome, ¡si tan siquiera le hubiera dejado una nota!, que no piense al menos que me he ahogado en el río, o mejor sí, que piense lo peor, se lo merece... Si papá viviera, no estaría aquí, a merced de los lobos, como un cachorro abandonado. Mamá estará llorando, como si lo viera, tendrá la nariz roja como un payaso y los ojos húmedos de un besugo, la conozco bien, aunque nunca hubiera pensado que podía llegar a ser tan cabeza de chorlito... ¡Mira que cambiarnos a mi padre y a mí por un profe desgarbado! Que se ha enamorado, que quiere vivir con ese Charli, ¿y yo, qué?, ¿tengo yo que vivir también con ese tío? ¡Ni hablar!

Según Idoia, esas cosas, y peores, pasan hoy en día, se forman nuevas familias, me dijo ella, y que a ver si a mí nunca se me había pasado por la cabeza que pudiera ocurrirme, que le parecía un tanto raro lo mío, ¡vamos, que estaba en la inopia...!

Igual Idoia tenía razón, porque desde que sé la verdad me parece que he envejecido un montón, como si hasta hace poco hubiera estado dormido en los laureles, más cándido que un niño de teta y, de repente, te despiertas cuando menos te lo esperas, así, escuchando sin querer algo imprevisto, una conversación que no debías, una conversación antes de tiempo, una conversación de tu madre con su mejor amiga...

Aquel domingo por la mañana había ido al frontón con Antón. Allí, empezamos a discutir con Chusmi y los otros sobre quién ocuparía la pista. Como siempre.

Después de la bronca, empezamos a jugar a la pelota Antón y yo, y enseguida empezó a llover, a jarrear. ¡Adiós frontón! Antón me propuso que fuéramos a casa y recogiéramos nuestros monopatines, que así podríamos jugar en los soportales.

Y yo, que sí.

Y cada uno se largó a su respectiva casa para estar de vuelta a los cinco minutos con el monopatín.

Abrí la puerta con mi llave y advertí que mamá e Irene estaban desayunando en el comedor; no tenía ganas de empezar a saludar ni de dar explicaciones, así que me dirigí derecho a mi cuarto, saqué el monopatín de debajo de la cama y me fui por el pasillo hacia la cocina para hacerme con un trozo de bizcocho que había quedado de la víspera.

Al pasar cerca del comedor pude oír cómo pronunciaban mi nombre; así, de repente...

—¿Y qué le digo yo a Javi?

Aquello me hizo frenar en seco. ¿Qué es lo que tenía que decirme mamá?

—La verdad, lisa y llana.

La voz de Irene sonaba débil pero categórica.

Entonces me di cuenta de que estaban hablando mucho más bajo de lo habitual, como hablan las chicas de mi clase cuando se juntan en grupitos en el recreo para hablar de sus cosas, cosas de chicas... Y a mí me picó la curiosidad, como me pasa con las chicas de clase, que a veces me gustaría saber lo que están diciendo con tanto misterio... Total, que me acerqué a la puerta entreabierta con mi monopatín bajo el brazo y mi trozo de bizcocho en la mano...

—A los niños hay que decirles siempre la verdad —siguió diciendo entonces Irene.

—¡Pero no sé si va a entenderlo...!

—¡Javi es casi un adolescente!

Mientras la intriga iba aumentando en mí, empecé a sentir otras sensaciones raras que se parecían bastante a las que da el miedo, como si estuviera haciendo algo malo... Quise pirarme de allí, pero tenía los pies clavados en el suelo… Imposible.

—¡Si no le hace ni caso a Carlos!

—¡Bueno, tampoco Charli le ha dedicado mucha atención que digamos!

Creo que el corazón es mucho más rápido que la cabeza, porque antes de escuchar lo que iba a seguir diciendo Irene, sentí que una pelota de ping-pong empezaba a subir y bajar por mi garganta... Lo que vino luego no sirvió más que para confirmar lo que mi corazón ya sabía:

—¡Mira, puedes decirle sencillamente que Charli y tú os habéis enamorado, eso es todo!

Y a mí que se me cae el monopatín al suelo, metiendo un estruendo infernal.

Y yo que me encuentro a mamá y a Irene a mi lado, los ojos como platos.

Alucinadas las dos, mirándome como si fuera una aparición.

Mirando a un chiquillo bañado en lágrimas que moquea. Mirándome a mí.

—¡Javi, déjame que te explique!

Sí, desde aquel domingo, mamá me ha agobiado con todas sus explicaciones.

Y yo, que sí, que está bien, que por qué no; pero en mi fuero interno veía a mamá como una insensata que no sabe distinguir una pulga de un hipopótamo, una tontita de remate.

Ahora que escribo esto, sigo pensando igual. Siempre he tenido que cuidar de ella, pero me temo que esta vez he llegado demasiado tarde. ¡Casarse con ese tipejo! ¡Bueno, que se case si es tan imbécil! Pero yo no viviré con ese hombre. Punto.

¿Que mamá estará llorando?

Seguramente, sí. Apostaría a que ahora está en casa de Irene sin saber qué hacer, adónde dirigirse; pero, desde luego, no me encontrarán.

Sólo Antón sabe dónde está la cabaña y Antón está de vacaciones en Navarra. Mamá no irá mañana a trabajar, se quedará en casa diciendo que tiene la gripe o algo así, pero cuando pase el tiempo tendrá que decir a todos la verdad: que su hijo huyó de casa. ¿Por qué? ¡Ah, a ver entonces qué es lo que cuenta...! Nos ha canjeado a mi padre y a mí por un pijo que no vale un duro. Hoy llorará mucho; me la imagino estrujando mi pijama contra su pecho y voceando mi nombre arrepentida, pero nada me hará cambiar: no viviré con ese hombre.

Y la verdad es que eso es lo que me gustaría decirle ahora a mamá: «No tengo nada contra ti. No es por ti por quien me he ido de casa, sino por ese baboso. Te quiero, mamá. No llores, que se te quedan los ojos como los de un besuguito y la nariz roja como un payaso. Tienes que entenderlo, es imposible que vivamos juntos los tres.»

Estoy que me muero de frío. A ver si esta vez me puedo dormir.

Cualquier hora del amanecer

Estoy escribiendo metido en el saco.

No sé lo que haré mañana.

«Mamá, no llores. He huido de casa por Carlos, no por ti.»

Frío, frío, frío. Tomaría un vaso de leche caliente.

Dormir, como sea. Dormir.

«Mamá, tendrás que olvidarme. Los tres en casa es imposible.»

«¡Mamá, si vieras cómo estoy ahora!»

«Si me vieras ahora, me estrecharías entre tus brazos, como antes, oliendo tu pelo, escuchando los latidos de tu corazón, podría por fin dormirme, mi mano en la tuya.»

Índice

MARIASUN LANDA

Nació en Rentería (Guipúzcoa) en 1949. Licenciada en Filosofía por la Universidad del País Vasco, ejerció de profesora en la Educación Básica, y en la actualidad imparte clases de Literatura Didáctica en la Facultad de Magisterio de San Sebastián. Era muy joven cuando escribió sus primeros cuentos y poemas, tan clara tenía su vocación de *escritora,* que ya lleva más de veinte años y ha publicado unos doscientos títulos, porque para ella es *un placer*.

Ha obtenido los premios Lizardi Saria del Ayuntamiento de Zarauz en 1982, por su obra Txan Fantasma y el Euskadi de Literatura Infantil y Juvenil en 1991, del Gobierno Vasco, por la obra Alex. El relato Iholdi, por su parte, entró a formar parte de la Lista de Honor de IBBY en 1992.

En el 2003 fue galardonada con el **Premio Nacional de Literatura Infantil y Juvenil,** por la obra *Krokodiloa ohe azpian.*

Este libro se terminó de imprimir en los talleres gráficos de Unigraf, S. L. Móstoles (Madrid), en el mes de marzo de 2004.